El enigma de la imaginación

Explorando los intrigantes caminos de la creatividad

"No puedes agotar tu creatividad.

Cuanto más usas, más tienes".

maya angelou

"La creatividad es la inteligencia divirtiéndose."

Albert Einstein

"La mente creativa juega con

los objetos que ama."

Carl Jung

"Somos tan creativos que

cuando no tenemos

problemas, los inventamos".

augusto curi

Durante mucho tiempo tuve la creencia de que la creatividad estaba asociada a una gran idea, un invento. Pero con los años descubrí que la creatividad surge de combinar un conjunto de elementos -experiencias, información, referencias...- para resolver problemas o incluso cumplir deseos.

Ninguna buena idea surge por casualidad.

Siempre viene después de otro que surgió antes del momento en que podía realizarse.

¡Todo el mundo es creativo!

Todo el mundo nace con la posibilidad de crear, de encontrar soluciones. Pero lo desaprendimos. Caemos en moldes - el primero es la escuela. Necesitas responder de acuerdo a plantillas, con estándares.

La creatividad es un intento de deconstruir un conjunto de creencias de que no eres creativo, que seguirás una línea de montaje, que encajarás en una caja. Necesitas desaprender patrones, formar nuevas creencias, volver a aprender a crear.

La creatividad es y será cada vez más el principal factor diferenciador del ser humano.

¡Disfruta leyendo!

resumen

- Entrenando el cerebro para ser más creativo
- como conectar ideas
- 7 bloqueos para el pensamiento creativo y cómo resolverlos
- Drenaje Mental
- campo mental
- Hoja de ruta para impulsar la creatividad
- el caso de google
- Métodos de creatividad
- técnica de la brújula
- Idea genial
- suposiciones desafiantes
- técnica opuesta
- El ser humano no es el viajero, es el camino

Entrenando el cerebro para ser más creativo

Abandona las rutinas.

Su cerebro necesita combustible y debe estirarse para crear esos "¡Dios mío!" momentos bajo demanda.

Piense en eso. Los grandes atletas entrenan sus cuerpos durante días, semanas y años para llevarlos al máximo rendimiento. ¿Por qué, entonces, un criador no haría lo mismo con su cerebro?

He pasado una década (y contando) en la industria de la publicidad y, contrariamente a la creencia popular, la creatividad no es inherente. Tienes que mejorarlo. Con el tiempo, descubrí lo que debo hacer para que las ideas fluyan libremente, y gran parte de esa información proviene de mi interés en la neurociencia. Cuanto más aprendamos sobre cómo funciona nuestra materia gris, mejor podremos entrenarla, controlarla y hacer que haga lo que queremos.

Aquí hay algunas cosas que me han funcionado a lo largo de los años.

Contacto con la naturaleza. Y condemostrado que pasar tiempo en la naturaleza nos hace más creativos. Mirar árboles y hojas, en lugar de nuestros dispositivos electrónicos, reduce nuestra ansiedad, ralentiza nuestro ritmo cardíaco, nos calma y permite que nuestro cerebro haga conexiones más fácilmente.

Al pasar tiempo en la naturaleza, tampoco me refiero a una caminata en el desierto. Caminar en un espacio verde urbano durante solo 25 minutos puede calmar nuestros cerebros y ayudarnos a cambiar al nodo del piloto automático. Según el British Journal of Sports Medicine, este estado despierta nuestra conciencia actual y alimenta la imaginación. Somos más capaces de conectar nociones, pensamientos e imágenes existentes para formar un concepto nuevo, relevante y utilizable.

Así que haz de la desconexión una prioridad. Dé un paseo por el parque de su vecindario, camine por la playa o simplemente agregue plantas a su porche y pase un tiempo al aire libre. Para mí, pasear a mi perro. Sentirá los beneficios de alejarse de las pantallas casi de inmediato.

Meditar. Lo sé, lo sé, lo has escuchado un millón de veces: la meditación limpia nuestras mentes de pensamientos confusos y le da a nuestro cerebro espacio para observar y reflexionar, mejorando el enfoque en las tareas y mejorando nuestra capacidad para tomar decisiones inteligentes.

Pero, ¿sabías que la meditación también pone a trabajar todo el cerebro?

Es posible que haya escuchado que la creatividad utiliza el lado derecho del cerebro mientras que el lado izquierdo del cerebro se dedica a tareas más analíticas. Bueno, los neurocientíficos han descubierto que la creatividad en realidad reside en todo tu cerebro, y la meditación puede darte acceso a ella.

Esta práctica intencional puede ser tan simple como cerrar los ojos y concentrarse en la respiración. Headspace, la popular aplicación de meditación, incluso tiene meditaciones guiadas para inspirar la creatividad. La idea es que cuando nos detenemos intencionalmente en la conciencia, permitimos que nuestras mentes tengan la libertad y el espacio para estar tranquilas y creativas. Practico esto entre reuniones. Encuentro un espacio tranquilo, me concentro en mi respiración y pongo mi cerebro en un estado de relajación alfa o de vigilia. Esto me permite desconectarme de mis ideas iniciales (después de todo, el cerebro humano está programado para seguir el camino de menor resistencia) y crear nuevos caminos en mi mente.

Muevete. Steve Jobs fue un gran defensor de las reuniones ambulantes por una razón. El movimiento se ha relacionado con un mayor rendimiento en las pruebas creativas. El ejercicio libera endorfinas, sustancias químicas que produce nuestro cuerpo para aliviar el estrés y el dolor. Cuando estamos menos estresados, nuestros cerebros se aventuran en territorios más fructíferos.

De hecho, un artículo reciente comparó la sustancia química que libera nuestro cerebro durante la actividad física con Miracle-Gro, el alimento vegetal soluble en agua que ayuda a las plantas a crecer más grandes y saludables. Lo bueno es que moverse es muy sencillo, especialmente cuando trabajas desde casa. A menudo asisto a reuniones mientras pedaleo en una bicicleta estacionaria o planifico caminatas cortas en el medio (y esto también se puede hacer en una oficina).

Intente agregar tiempo de entrenamiento en su calendario y asegúrese de no omitirlo. Si siente que no tiene tiempo para un entrenamiento específico, bloquee 20 minutos en su horario y dedique ese tiempo a hacer estiramientos en su escritorio.

Conéctate con diferentes tipos de personas. Cuando se busca inspiración conscientemente, no se puede decir lo suficiente sobre la diversidad. ¿Recuerdas el cerebro y su predisposición a tomar la ruta perezosa? La diversidad hace que el cerebro trabaje más al desafiar los estereotipos. Además, los investigadores de la

Universidad Johns Hopkins descubrieron que "la exposición a experiencias diversas puede promover el desarrollo de formas de pensamiento más complejas, incluida la capacidad de pensar críticamente".

Me esfuerzo por rodearme de personas que provienen de entornos diferentes a los míos, porque sus perspectivas son un catalizador para el pensamiento creativo. Las opiniones contrastantes abren nuevas posibilidades y nos permiten hacer conexiones que no hemos visto antes, lo que lleva a mejores decisiones. Había algo que decir acerca de que Abraham Lincoln llenó su gabinete con un "equipo de rivales". Las discusiones productivas, las lluvias de ideas y los debates a menudo dan como resultado resultados más sabios. En mi agencia, hemos creado un "tablero de inspiración", que reúne a nuestra gente de múltiples regiones, culturas, géneros y más, para iniciar este tipo de debates.

Hoy, el modelo de trabajo distribuido nacido de la pandemia ha facilitado aún más la unión de las personas. Recomiendo usar canales de redes sociales como LinkedIn e Instagram para seguir y conectarse con personas que tienen antecedentes y experiencias diferentes a las suyas. No se limite a la geografía cuando se conecte con alguien o amplíe su red. Somos mucho mejores en la resolución creativa de problemas cuando no tenemos la comodidad de saber qué esperar, lo que puede suceder si nos rodeamos de personas como nosotros.

Utilice estos principios de neurociencia para darle a su cerebro el ejercicio que necesita. Él te sacará de cualquier rutina. O evitar que entres en uno en primer lugar.

como conectar ideas

Todo lo que escribes es una historia. Una historia que cuentas a una o muchas personas. Puede ser un comunicado, un informe lleno de números, un pleito o la fábula de los 3 cerditos. Para que tus historias se entiendan bien y no sean aburridas, ten en cuenta que la escritura es una secuencia de [...]

...

..

.

ideas pegadas entre sí, por la lógica.

Esta no es una regla impuesta por la gramática; así es simplemente como nos comunicamos; así es como entendemos lo que leemos.

Para ello, el lenguaje nos ofrece muchos recursos. Los conectores son uno de los más importantes porque unen las partes de un texto. Son elementos que hacen avanzar la historia dando pistas para que el lector construya significado. Lee con soltura, hasta el final, sin sufrimiento, sin gimnasia cerebral.

Al pensar que un ciudadano puede comprar medicamentos en los supermercados, tiendas de conveniencia y similares, veo que no hay por qué ser favorable, aunque sean solo los que dispensan receta médica. Desde luego sería bueno, en tiempos de ajetreo, que la familia pudiera abastecer su hogar con todo tipo de mercadería donde se vende de todo. Además, con más puntos de venta, el precio podría bajar. Pero entiendo que esto no compensa el riesgo para la salud y la vida de las personas.

Vea cómo los ganchos utilizados conectan una oración con otra creando diferentes significados:

Al pensar – transmite la idea del tiempo. Ganchos similares: cuando, después, antes, entonces, hasta, entonces, mientras.

Aunque – aceptar/permitir/conceder. Otras opciones: aunque, aunque, aunque, aunque.

Por supuesto, de acuerdo/confirmar. Sinónimos: evidentemente, ciertamente, naturalmente, sin duda.

Qué sitio. Sinónimos: al lado, sobre, a la izquierda, en ese lugar, en medio, el lugar donde, donde sucedió.

También/E – agregar, agrupar. Más anzuelos: y, además, y sin embargo, también, así como, de la misma manera.

¿Viste cómo conectar bien las ideas es importante para darle sentido al texto?

El reto es saber elegir los conectores adecuados para cada situación. Pero no te obsesiones con ellos, déjalos fluir.

7 bloqueos para el pensamiento creativo y cómo resolverlos

Cada uno de nosotros tiene el poder de ser creativo. Es parte de nuestra constitución natural como seres humanos. El problema es que muchas veces bloqueamos nuestra creatividad natural y así cometemos errores de pensamiento y nos damos más problemas de los que deberíamos. Aquí hay 7 formas de desbloquear su creatividad natural y mantener esos canales desbloqueados.

1. No haga suposiciones.

Las suposiciones son ejemplos de pensamiento perezoso. Simplemente no esperamos obtener toda la información que necesitamos para llegar a las conclusiones correctas. Está la historia del cliente del banco que, después de cobrar un cheque y darse la vuelta para irse, regresa y dice: "Lo siento, creo que cometiste un error". El cajero responde: "Lo siento, pero no puedo hacer nada. Deberías habérnoslo dicho. Una vez que te hayas ido, ya no seremos responsables". A lo que el cliente responde:

"Bueno, está bien. Gracias por los $40 adicionales".

Consejo: cuando tenga ganas de sacar conclusiones precipitadas,
espere hasta que tenga toda la información.

2. Ver las cosas desde otros puntos de vista.

Una mente verdaderamente abierta está dispuesta a aceptar que
no sólo otras personas tienen otros puntos de vista tan válidos
como el tuyo, sino que esos otros puntos de vista pueden ser más
válidos. Se cuenta la historia de que el pintor modernista Pablo
Picasso viajaba en tren por España cuando habló con un rico
empresario que despreciaba el arte moderno. Como prueba de que
el arte moderno no representa adecuadamente la realidad, tomó
una foto de su esposa de su billetera y dijo: "Así es como debería
verse mi esposa, no en una representación tonta y estilizada".

Picasso tomó la foto, la estudió por unos momentos y preguntó:
"¿Es esta su esposa?" El empresario asintió con orgullo. "Ella es
muy pequeña", comentó Picasso con ironía.

Consejo: no tenga el monopolio de cómo son las cosas. Las cosas no son siempre lo que parecen. Esté preparado para considerar otros puntos de vista.

3. No pienses como un yo-yo

Algunas personas tienden a tener una tendencia a pasar de un estado de ánimo muy positivo en un minuto a uno muy negativo al siguiente, todo por lo que ven frente a ellos. Es como un yo-yo: sube un minuto, baja al siguiente. Es mucho más saludable permanecer neutral y no dejar que las emociones se apoderen de ti.

Consejo: recuerda que las cosas rara vez son tan buenas, o tan malas, como crees que son.

4. Deshazte de los hábitos de pensamientoperezoso.

El hábito puede ser un gran obstáculo para el pensamiento claro y otro ejemplo de pereza. Prueba este experimento. Anota los apellidos escoceses Macdonald, Macpherson y Macdougall y pídele a alguien que los pronuncie. Ahora siga con la palabra Maquinaria y vea qué sucede. La mayoría de la gente probablemente lo pronuncie mal. Esto se debe a que tendemos a pensar habitualmente y no nos gusta lo que no encaja.

Sugerencia: no asuma que solo porque las cosas sucedieron de cierta manera una vez, volverán a suceder.

5. No pienses como un anciano, piensa como un niño.

Las investigaciones muestran que la cantidad de sinapsis, o conexiones, en el cerebro es mayor en un niño de dos años que en un adulto promedio. La razón de esto es que, si bien un niño de dos años no tiene una visión del mundo limitante, los adultos sí la tenemos. Es como un escultor que comienza con un gran bloque de arcilla, más de lo que necesita, y luego retira gradualmente la arcilla a medida que da forma a su escultura. Si usamos nuestro cerebro como un niño, aceptando todo sin juzgar, podemos detener y revertir el proceso de envejecimiento del cerebro.

Consejo: No te preocupes por el mito de la edad. Con la estimulación adecuada y una pasión por el aprendizaje, realmente puede aumentar sus poderes cerebrales.

6. Vea los detalles, pero también vea "el panorama general".

Quizás conozcas el poema de John Godfrey Saxe llamado "Los ciegos y el elefante". Cuenta cómo seis ciegos van a ver un elefante y cada uno trata de averiguar de qué se trata tocándolo. Un ciego toca la presa, otro la trompa, otro la cola, y así sucesivamente. Por supuesto, al no poder ver todo el elefante, llegan a conclusiones completamente diferentes.

Consejo: Trate de mantener el panorama general frente a usted mientras observa los detalles. Ayudará a poner todo en su lugar y contexto adecuados.

7. Piensa por ti mismo.

Tomarse el tiempo para pensar todavía está mal visto en muchas organizaciones que valoran la actividad por encima de la creatividad. Las personas que trabajan en organizaciones limitadas creativamente tienden a pensar de la forma en que se supone que deben pensar, o de la forma en que piensan los demás, o de la forma en que siempre han pensado. Es como el pensamiento ciego que *hans cristian anderson* describe en su relato "El traje nuevo del emperador". Todos en la tierra se niegan a ver que el emperador está desnudo y se les ha hecho creer que lleva un atuendo espléndido para su coronación. Solo un joven que ha estado enfermo y no ha participado en el lavado de cerebro cultural puede ver la verdad y gritar: "¡Miren, todos, el Emperador está desnudo!"

Consejo: No permita que otros le digan cómo pensar. Cuando otros te pidan tu opinión, díselo directamente.

Una vez que hagas que estas 7 técnicas formen parte de tus patrones de pensamiento habituales, te sorprenderá lo fácil que es encontrar soluciones nuevas, innovadoras y creativas para todos los problemas de la vida.

Drenaje Mental

Consigue una libreta: todas las mañanas debes escribir tres páginas con todo lo que se te ocurra. Cualquier cosa, por ejemplo: tengo que llevar el coche a reparar. Ahora que lo pienso, hay algunas cosas buenas que puedo hacer mientras Yo arreglo el auto.

No hay una manera incorrecta de escribir las páginas, ni una secuencia correcta. Las páginas no tienen que ser una obra literaria. Solo que los entiendas.

Nada es demasiado hermoso, tonto, estúpido o extraño para incluirlo. Suelta la idea del ridículo y deja ir lo que se te ocurra.

Las páginas de la mañana no son negociables: no escatimes, no escatimes, no importa cuál sea tu estado de ánimo o lo que diga tu sensor interior. Simplemente hazlo y comprueba los resultados.

campo mental

Todos somos parte de un gran campo de energía. Una de las leyes de la energía es esta: la energía de cierto tipo o vibración tiende a atraer energías del mismo tipo.

Los pensamientos y sentimientos tienen su propia energía magnética, que atrae energía de naturaleza similar. Este principio establece que todo lo que hagas eventualmente se reflejará y regresará a ti.

Cosechamos lo que sembramos.

Cierra los ojos y relájate profundamente. Ahora recuerda cualquier experiencia agradable que hayas tenido en los últimos días. Luego imagínate en algún entorno campestre. Piensa en los detalles del entorno, creándolos en tu imaginación de la forma que más te guste.*(es muy importante que hagas esto, aunque a primera vista parezca una tontería)*.

27

Nuestros miedos surgen de las cosas que no estamos dispuestos a enfrentar.

Fija tus metas. Crea una idea bien definida o una imagen mental. Enfócate en eso regularmente. Envíale energía positiva. Intente intensificar la sensación de que lo que desea realmente existe y se puede obtener.

Reconoce tus propios méritos y felicítate, sin olvidar expresar tu agradecimiento por haber cumplido tu deseo.

Aquí hay algunos recordatorios importantes con respecto a las oraciones afirmativas:

Siempre use oraciones afirmativas en tiempo presente. Es importante actuar como si lo que quieres ya fuera una realidad.

Como regla general, cuanto más corta y simple sea una afirmación, más efectiva será. No olvides que al hacer las afirmaciones estás creando algo nuevo.

El propósito de las afirmaciones no es negar o intentar cambiar tus sentimientos o emociones.

Cuando use afirmaciones, haga todo lo posible por creer lo que está diciendo.

De esta forma, recuperamos toda nuestra fuerza espiritual, nuestro vacío interior se llena desde dentro y nos transformamos en seres más fuertes.

Dentro de ti hay algunos elementos que determinarán el grado de éxito de la visualización, en una situación dada:

Deseo, fe, aceptación; sé consciente de que el río de la vida a veces toma un curso tortuoso antes de llevarte a tu meta.

El estado natural de la vida es uno de flujo y cambio constante. Al comprender esto, nos sintonizamos con su ritmo y somos capaces de dar y recibir libremente, ya que en realidad nunca perdemos nada y estamos constantemente victorioso.

Cuando tomes conciencia de este campo mental que existe, notarás que la creatividad fluye de una manera más aflorada, ese es el secreto.

Hoja de ruta para impulsar la creatividad

Las siguientes técnicas fueron desarrolladas por el Dr. Flash, Dra.

Morris (2009) y otros psicólogos y psiquiatras para ayudar a las

personas a liberarse de las limitaciones de la rutina y utilizar la

creatividad innata para desarrollar nuevos proyectos, encontrar

soluciones a los problemas y adaptarse al cambio.

Puedes usar estos pasos en tu propia vida para lo que quieras

crear:

Prepárese: lea y hable todo lo que pueda sobre lo que desea crear:

una solución, un marco, un nuevo enfoque para un negocio.

Prepara el terreno.

Incube: Todos queremos soluciones rápidas, pero cuando las

respuestas no llegan de inmediato, deje la idea a un lado.

Déjalo fermentar en el subconsciente.

Más tarde, tal vez una semana o un mes después, habrá progreso. Ilumínate: en los dibujos animados esto se representa con una bombilla sobre la cabeza. Este es el punto en el que se produce el progreso. Déjalo ser. Algo se te viene a la cabeza y dices: "Oh, esa es una buena idea".

Prueba: una vez encontrada la solución creativa, es necesario aplicarla. Si hay una nueva forma de afrontar tu matrimonio, por ejemplo, ponla en práctica. Si hay una nueva forma de crear una escultura, hazla. el medico Flach (2009) dice que nadie recibe el Premio Nobel por tener una idea nueva, sino por probarla y provar que funciona.

Distanciarte: Puedes lograr esto simplemente cambiando la habitación en la que trabajas o tu ropa. Puedes hacer un "recorrido mental", imaginando un viaje placentero o un lugar al que te gustaría ir. Contempla imágenes alejadas de tus intereses o trabajos comunes.

Varíe las actividades de ocio: No dedique su tiempo libre a un único pasatiempo, como jugar al tenis o ver la televisión. Adquirir una diversidad de experiencias. Conocer gente nueva. Leer libros. En primer lugar, el ocio debe relajarte. Es difícil ser creativo cuando está tenso. Y, evitando la rutina del tenis o la televisión, obtienes estímulos de diversas personas y entornos, además de utilizar una gama de músculos y talentos.

La variedad es un fertilizante para la creatividad. Encontrar seguridad. es muy difícil ser creativo si te preocupa la supervivencia.

La ansiedad bloquea el libre flujo de la creatividad.

Elija las empresas: con cuidado. Andando en compañía de personas que constantemente te menosprecian, te critican, no podrás crear.

No temas estar solo: si vas a ser creativo, necesitas tiempo para escucharte a ti mismo y no a alguien o algo más.

Trate de reducir la velocidad del motor: se necesita un tiempo de inactividad y tranquilidad para que el proceso de pensamiento funcione. Esto implica soñar despierto, una forma de actividad mental no vista con buenos ojos por padres y maestros, pero útil y capaz de abrir nuevos canales. También puede recordar y permitir Los éxitos y fracasos pasados flotan en la mente para reevaluarlos.

Tenga a mano un lápiz y un cuaderno: para capturar ideas fugaces que luego pueden resultar valiosas.

Nunca sabes qué conexiones se establecerán entre lo que es nuevo para ti y lo que haces habitualmente.

Descubre tu mejor momento: el ritmo biológico te influye. En un momento del día o de la noche cuando esté en su mejor momento. Probablemente sepas lo que es, pero si quieres estar seguro, es posible que sea el momento en que la temperatura de tu cuerpo está en su punto más alto.

Descubre tu mejor lugar: trata de recordar dónde tuviste tus mejores ideas.

A algunos les gusta pensar en un baño tibio y otros mientras caminan o trabajan con las manos.

Escriba o registre sus frustraciones: cuando está frustrado o confundido y las ideas noaparecer, escribe o graba lo que te molesta. Esto ayudará a "poner la casa en orden para la acción".

Cultiva tu cerebro: Verbaliza o escribe tantas ideas como puedas extraer de tu cerebro. Deje que su mente divague y piense en todo tipo de soluciones. Puede ayudarse a sí mismo a encontrar terreno fértil estableciendo analogías. Por ejemplo, "Quiero pintar una imagen mejor, pero es como sacar el último trozo de pasta del tubo".

El amanecer de la creatividad: en esta técnica, pones el objetivo principal en el centro de los demás o en el "sol".

Pruebe un nuevo enfoque. Si no fallas, no estás siendo creativo, ya que los nuevos senderos no tienen señales y están llenos de trampas.

Por último, no pongas excusas: la edad, la enfermedad y la falta de tiempo son frecuentemente las razones que se ofrecen para la incapacidad de crear. Rara vez se fundamentan.

Picasso, de 91 años, guardaba parafernalia de arte junto a su cama en caso de que se despertara durante la noche y tuviera una buena idea.

el caso de google

Google fue fundado por Larry Page y Sergey Brin, dos estudiantes
de doctorado de Stanford en 1998.

La empresa privada anunció en junio de 1999 que había obtenido
$25 millones en consolidación de capital.

Sus socios incluyen a Kleiner Perkins Caufield & Byers y Sequoia
Capital. Google proporciona servicios a través de su sitio web
público, www.google.com. La misión de Google es proporcionar las
mejores opciones de búsqueda en Internet haciendo que la
información del mundo sea accesible y útil. Google, desarrollador
del motor de búsqueda más grande del mundo, ofrece la forma
más rápida y sencilla de encontrar información en la web y en la
administración.

Sin embargo, quien piense que la vida allí es fácil se equivoca.
Este ambiente informal sirve para fomentar la creatividad de un

equipo que trabaja duro para lograr resultados. Existe una fuerte presión por aumentar la audiencia de los buscadores y videos en internet, además de cobrar por la prospección de nuevos clientes.

En Brasil, Google tiene alrededor de 200 empleados en su sede de São Paulo -trabajando especialmente en las áreas comercial y administrativa- y otros 60 en Belo Horizonte, donde se encuentra el equipo de ingenieros, programadores y jefes de producto, responsables de crear herramientas y nuevos productos. "El entorno físico es lo de menos, porque otras empresas también ofrecen atracciones.

La diferencia aquí es la cultura, la libertad de determinar dónde y cómo quieres trabajar", dice Félix Ximenes, responsable de comunicación del grupo.

Los jefes delegan tareas y metas, pero la forma de lograrlas depende de cada uno, siempre y cuando se logre el desempeño esperado. Si el empleado juega un partido de billar a las tres de la tarde y vuelve a un trabajo altamente productivo, eso es lo que importa en la filosofía de la empresa.

El diálogo franco, el trabajo constante en equipos multifuncionales y multiculturales, las oportunidades de rápido crecimiento y la construcción de una carrera internacional son otros factores que pesan a favor de la empresa. La tasa de rotación es baja: menos del 1% se va a la competencia. "Google habla el mismo idioma que los jóvenes. No quieren tener barreras entre lo profesional y lo personal", dice el presidente de la Cía. de Talentos, Sofia Esteves, responsable de la investigación.

Puntos positivos -

Ángel Jiménez de Luis, editor del blog Gadgetoblog de Diario El Mundo (2010), visitó la empresa Google en Zúrich (Suiza) y mostró cómo trabajan allí los empleados. La calidad de trabajo y de vida que se encuentra en el gigante de Internet es fantástica.

Verificar:

- Tiene un tobogán que conecta las oficinas del primer piso con la cafetería y el gimnasio. No es necesario esperar el ascensor, simplemente súbase.

- Los hijos de los empleados son bienvenidos. Hay un lugar especial para los niños.

- Todos los empleados comen muy bien durante las horas de trabajo y por eso hay un gimnasio deportivo en la planta baja para que quemen calorías extra.

- En cada piso hay al menos dos áreas de descanso con alimentos y bebidas, también gratuitas.

- Cada empleado gestiona su propio tiempo y trabajo. No hay horarios fijos, solo plazos de entrega, que obviamente hay que cumplir. Puedes parar en cualquier momento para jugar videojuegos o billar, etc.

• En este lugar de trabajo. Los empleados son libres de cambiar de mesa en cualquier momento si lo desean, intercambiar ideas, diseños, sugerencias.

• Google también tiene el salón del agua, un lugar de paz utilizado para la relajación. Hay sillones de masaje e iluminación tenue. Los empleados van allí a dormir o descansar antes de una reunión estresante. Con maravillosos sillones.

• Las salas de reuniones llevan el nombre de famosas series de televisión y películas. Estos iglús están ubicados en el área de Star Wars. Son auténticos refugios que fueron utilizados en misiones científicas en la Antártida.

• La empresa también cuenta con una gran biblioteca que muchos afirman que es la parte más bella y sorprendente del edificio. Allí, además de muchos libros y una enorme cocina, los empleados pueden relajarse frente a una chimenea virtual. Un empleado actual de Google dice que es un gran lugar para trabajar. Estas son las cosas que me gustan de mi trabajo:

• Todo el mundo es súper inteligente. Hay 18 tipos diferentes de café.

• Merienda, almuerzo y cena gratis. La comida es de calidad gourmet (por ejemplo, tienda de tortillas, chefs que preparan sándwiches personalizados para usted, sashimi, bebidas y bocadillos gratis las 24 horas).

• Todos los viernes, Larry, Sergei o Eric (el más alto en la jerarquía de la empresa) se nos acerca personalmente y nos pregunta cuáles son nuestras dudas y preguntas. "Ese día también tenemos cerveza gratis"

Marcos Coronato en entrevista con Luiz Barroso (entrevista telefónica), uno de los ocho empleados de Google en el mundo que ostentan el título de "ingeniero distinguido", un carioca de 46 años que vive en Estados Unidos.

Esto quiere decir que, entre las 10.000 personas que trabajan en la empresa de internet más grande del mundo, Barroso es un ingeniero de gran renombre o destacado. Es el puesto más alto

que alguien puede alcanzar en la empresa, equivalente a un

vicepresidente, solo en la carrera tecnológica.

En realidad, lo que impresiona es la rapidez con la que van las

cosas en Google. La mentalidad de la empresa es que todos

atacan los problemas, intentan solucionarlos, intentan ser más

útiles. El acceso a la información en Google es fundamental. Hay

transparencia en la empresa. Un ingeniero en los Estados Unidos

tendría dificultades para ocultar información a un colega en Europa.

Necesitas mostrar lo que estás haciendo, cómo estás avanzando.

Hacemos esto en "fragmentos semanales", un resumen semanal

del trabajo. Es muy práctico, cinco o seis temas, puede ser la

cantidad de información que cabe en una diapositiva de

Powerpoint. Es una documentación que está a disposición de toda

la empresa. Ninguna otra empresa puede compartir tanta

información con tantos empleados. Ahí hay un intercambio: todos

se benefician, pero existe el riesgo de que alguien exponga esa

información. Google trabaja con la educación continua de los
empleados para preservar esta cultura.

Puntos negativos -

Fernando Martines (2010) entrevistó a algunos empleados de
Google (que prefirieron permanecer en el anonimato), y descubrió
algunas novedades más:

Afirma que un ex empleado de Google (prefiere permanecer en el
anonimato) dice: "Estuve allí durante unos cinco años. Puedes leer
sobre las partes buenas en cualquier lugar, así que intentaré
ofrecer un contrapunto basado en haber trabajado en otras
compañías de software" (ex empleado de Google).

• Un problema común es que no es fácil perder el enfoque y
atascarse con todas las ventajas. Es vergonzoso estar rodeado de
personas que se han vuelto como mocosos malcriados.

• Sede de Google en Mountain View, California. hay un problema
de ingeniería específico, es que hay mucho apoyo allí para las

operaciones, es decir, mucha gente cuyo trabajo es mantener los sistemas en funcionamiento. Y los ingenieros a menudo no están disponibles en cualquier momento que desee llamarlos. La ventaja es que pueden concentrarse en el desarrollo, dormir lo suficiente y ser más productivos.

• La desventaja es que pueden perder fácilmente el contacto con lo que realmente sucede en los centros de datos y, a veces, incluso con sus clientes.

Finalmente, la compañía está apostando fuerte a la "suerte de producción", lo que significa probar un montón de cosas en una variedad de áreas con la esperanza de que algunos de esos intentos valgan la pena.

• El trabajo de gestión dentro de la empresa es pésimo. Un gerente típico tiene de 50 a 100 empleados, por lo que incluso si se reúnen con sus subordinados una vez al mes durante 30 minutos, no es mucho tiempo para interactuar. Como resultado, los gerentes no están facultados para participar en las decisiones técnicas, no tienen mucho que decir en las revisiones de desempeño (esto lo

hace otro comité) y ni siquiera influyen en la contratación (que

también lo hace un comité)..

Se preguntó a los empleados senior de Google qué hacen

realmente los gerentes, y la respuesta de todos fue: "No lo sé".

Casi todas las decisiones gerenciales que presencié en Google

(principalmente en torno a la movilización de recursos para nuevos

proyectos) no fueron buenas.

La única forma en que podría explicar su posición es algún tipo de

política y luchas internas en la parte superior. "Si te gusta ser

gerente técnico, si así es como ves tu carrera, definitivamente

Google no es para ti". Sergio Montini (2010), ex empleado de

Google, afirma: "(Trabajo en un motor de búsqueda que compite

con Google, Ask.com) aquí en Londres, pero tenemos una

sociedad con Google".

Después del almuerzo, que suele repetirse, siempre me invitan a

un partido de futbolín.(pimbolín), y lo siguiente que sé es que ya he matado mi tarde. "No me queda más que comer aún más allí, y todo gratis".

Tres compañeros de trabajo dejaron Google para trabajar con nosotros. Me pregunto por qué alguien dejaría todos los beneficios a una empresa más pequeña. La respuesta es unánime, con el tiempo pierdes el foco y te das cuenta de que es la forma de Google de encerrarte en él.

Métodos de creatividad

Un proceso de creatividad requiere esfuerzos, ya sea de forma individual o en equipo, y puede dar lugar a nuevos proyectos, productos e ideas, que se pueden aplicar en la práctica.

El pensamiento creativo suele asociarse al pensamiento divergente, ya que implica ideas y experimentos inusuales que acuñan varias posibilidades originales (KING; SCHLICKSUPP, 1999).

La capacidad creativa puede estimularse a través del entorno, las técnicas y las herramientas. Ambiente creado para acoger ideas creativas sin crítica, ofrece un clima de libertad que favorece el desarrollo de ideas y la concepción de nuevas perspectivas y formas de interpretar la realidad.

El trabajo en equipo es una medida que favorece el desempeño de los procesos mentales, debido al intercambio de información y conocimientos heterogéneos y únicos para cada individuo (KING; SCHLICKSUPP, 1999). En el proceso de generación de ideas, la suma de las habilidades y experiencias de cada empleado tiende a agregar y mejorar el desempeño colectivo. Sin embargo, para un mejor aprovechamiento del desempeño creativo individual de los integrantes, es importante mediar el proceso de creatividad a través de un método que conecte sinérgicamente a estos integrantes, aprovechando al máximo el potencial creativo del grupo. King y Schlicksupp (1999) enfatizan que el trabajo en equipo, con un buen desempeño, comúnmente se vuelve autosustentable debido a la calidad lograda en los resultados.

Mainemelis y Ronson (2006) analizaron el comportamiento organizacional como un juego, en un estudio que promovió la relación entre juego y creatividad. Para los autores, el acto de jugar estimula el desarrollo de la creatividad en el campo organizacional, aunque muchas organizaciones aún consideran el juego solo como una cuestión de distracción.

El juego puede fomentar la capacidad de recombinar elementos existentes y promover la integración entre los participantes, lo cual es una situación deseable para fomentar el acto de creatividad, tal como lo discuten King y Schlicksupp (1999). Un juego como compromiso estimula la creatividad a través de las dimensiones cognitivas y afectivas que la involucran. Estudios realizados en el campo de la psicología cognitiva han demostrado que el juego implica una gran cantidad de transformaciones mentales y de pensamiento divergente, ya que estimula lo imaginario y lo simbólico (MAINEMELIS; RONSON, 2006).

El juego, en el ambiente de trabajo, permite a los individuos desarrollar sus habilidades, explorando sus habilidades a través de desafíos.

Desde otro punto de vista, la integración que se produce a través de un juego en el entorno laboral, además de fomentar la creatividad, puede representar una estrategia para que los empleados aporten espontáneamente ideas que, en otra situación, no se sentirían seguros de exponer.

Gurteen (1998) también hace la asociación entre creatividad y juego, relatando que un proceso de creatividad juega con palabras, conceptos y también metáforas, sin fronteras ni limitaciones.

La esencia de este juego, para Gurteen (1998), es que nada es estático o inalterable.

Cada interacción en nuestras vidas puede verse como un juego, y el mundo de los negocios no es diferente.

El juego comienza con interacciones sociales, a partir del entendimiento de que el intercambio de experiencias y conocimientos son oportunidades de aprendizaje que estimulan nuestras capacidades cognitivas.

Este proceso fomenta la creatividad al relacionar elementos conocidos con elementos nuevos. Corroborando lo anterior, King y Schlicksupp (1999) afirman que el uso de procesos o técnicas para la resolución de problemas en una organización es altamente efectivo para estimular el pensamiento creativo y el aprendizaje.

Las organizaciones pueden elegir entre varios modelos existentes y, a menudo, los procesos que representan la estructura organizativa vienen con fases predeterminadas, como en un juego. Con el objetivo de contribuir a la concepción del proceso de creatividad, estos autores sugieren la aplicación de técnicas que apoyen la fase de definición del problema y posterior generación de ideas.

En este sentido, las técnicas de creatividad pueden contribuir, de manera relevante, a la solución creativa de problemas, ya que propician la efervescencia de las ideas a través de la intuición y la flexibilidad del pensamiento, al desafiar los supuestos convencionales, al apoyar la interdisciplinariedad y también al permitir reorganizar los procesos. elementos de un problema.

Las técnicas de creatividad pueden favorecer el proceso de innovación, contribuyendo al proceso creativo a definir el problema y también a seleccionar y desarrollar ideas en la práctica.

técnica de la brújula

Una técnica relativamente sencilla y eficaz es la Brújula, utilizada para apoyar la definición de problemas y su principal utilidad es proporcionar una exposición amplia del problema previamente elegido (CLEGG; BIRCH, 2000).

La técnica consiste en, inicialmente, realizar un enunciado sobre el problema a investigar en base a: "¿por qué?".

Se anotan las respuestas obtenidas, y se vuelve a utilizar la misma pregunta para cada una de ellas, obteniendo, de esta forma, nuevas respuestas, aplicando la misma pregunta, hasta agotar las alternativas de respuesta a la pregunta propuesta.

Se entiende que, de esta manera, será posible llegar a una nueva configuración del problema que tiene más relevancia que su descripción inicial.

Esta técnica permite pensar el problema desde diferentes perspectivas, ya que en cada ciclo pregunta-respuesta surgen nuevos elementos.

Davidson y Sternberg (2003) complementan lo anterior, afirmando que el pensamiento que diverge y cuestiona lo que se toma como verdad, permite un proceso crítico que contribuye a la definición del problema de manera más concisa, pues pretende agotar las dudas que puede surgir cuando se pregunta por qué.

Estos elementos pueden estar inhibidos por la declaración inicial y se abordan con el tiempo con esta línea de pensamiento.

Idea genial

El brainstorming fue creado en 1939 por Alex Osborn y significa, en su concepción, cerebro para crear ideas para resolver un problema (OSBORN, 1954).

Esta técnica, que auxilia en el proceso de generación de ideas, surgió del análisis de las causas que impedían la efectividad de una reunión, y permitió determinar un conjunto de conductas encaminadas a reducir las distracciones y potenciar el resultado creativo para la solución de problemas.

El objetivo principal del Brainstorming es encontrar soluciones a los problemas, a partir de los conocimientos que tiene el grupo. Su premisa principal es la suposición de que todas las ideas tienen el mismo valor. Más que una técnica de creatividad, puede considerarse como una forma de crear un nuevo paradigma cultural, ya que logra que los individuos no trabajen en forma aislada y busquen soluciones en la sabiduría colectiva.

La técnica se aplica normalmente cuando el problema requiere un nuevo concepto o soluciones alternativas dentro de un área de conocimiento.

La lluvia de ideas se puede aplicar incluso cuando el tiempo disponible es limitado. No requiere conocimientos previos de la técnica, ni siquiera un conocimiento profundo del problema.

Por otro lado, por estas características, requiere de un grupo más grande de integrantes, de modo que sea posible generar una mayor variedad de ideas.

King y Schlicksupp (1999) describen la técnica en 4 pasos principales:

1- identificar el grupo adecuado para gestionar el Brainstorming, en base al conocimiento y experiencia de cada individuo.

2- presentar las reglas y establecer los temas y objetivos.

3- Lluvia de ideas, generando tantas ideas como sea posible.

4- transcribir y aclarar las ideas y, posteriormente, concluir seleccionando aquellas que mejor se adecuen al objetivo.

La lluvia de ideas tiene como regla no juzgar las ideas como buenas o malas durante el proceso, ya que el propósito inicial es la cantidad y no la calidad. Se entiende que cualquier tipo de juicio previo podría inhibir la capacidad creativa de los integrantes por bloqueo mental en defensa de las críticas, por supuestas malas ideas. Las ideas proporcionadas por los miembros en una sesión de lluvia de ideas no admiten derechos de autor, deben proporcionarse con la intención de ser modificadas y desarrolladas por el grupo.

Esta técnica tiene como objetivo liberar la creatividad y compartir ideas, aparentemente inusuales, con el grupo, sin preocuparse de si la idea será buena o mala, utilizada o no. En esta circunstancia se valora la espontaneidad.

La sesión de Brainstorming debe ser conducida por un facilitador, quien puede realizar comentarios o preguntas que faciliten el pensamiento creativo en los momentos de silencio, que se denominan punto muerto, es decir, cuando se agota el stock de ideas del grupo. La sesión puede tener varias fases hasta que se profundiza en el pensamiento y se desarrollan ideas más concretas.

suposiciones desafiantes

El desafío de supuestos es una técnica que parte de la premisa de que ser creativo es romper con supuestos, consolidados y aceptados sin justificación racional. Su objetivo es ayudar en la solución de problemas con la generación de ideas. Esta técnica no requiere de un gran equipo, y se puede utilizar individualmente y durante el tiempo que sea necesario.

La aplicación de la técnica consiste en exponer el problema o necesidad, identificando la hipótesis principal como solución, a priori.

Clegg y Birch informan que no siempre es posible identificar los supuestos claramente, pero desafiarlos cuando se identifican hace que sea más fácil revelar el problema real. Los autores sugieren trabajar con un supuesto a la vez, para hacer que lo que antes era confuso sea más claro y específico, y solo cambiar los supuestos cuando se agoten las alternativas de análisis anteriores.

Desafiar los supuestos establecidos rompe patrones de pensamiento, hace que el empleado busque soluciones innovadoras.

El pensamiento divergente contribuye a la diversidad de ideas, y es valorado por su capacidad de contribuir a la concepción de ideas originales.

técnica opuesta

Opuesto es una técnica de creatividad que tiene como objetivo identificar los aspectos opuestos de lo que se pretende hacer. Como ejemplo, si desea mejorar un proceso en la empresa, identifique qué aspectos agravarían ese proceso. Como explican Clegg y Birch, es posible que estos aspectos negativos se estén practicando en la organización. Identificar los matices del pensamiento opuesto ofrece una posibilidad única de explorar la frontera del pensamiento, porque cuando llegas al punto de agotamiento de las ideas para resolver un problema, intentar lo contrario puede ser positivo, al cambiar tu punto de vista al respecto.

Cabe destacar que esta técnica no requiere de un gran equipo para realizarla, ni conocimientos previos de la técnica. Para empezar, se debe realizar una sesión de Brainstorming para identificar los aspectos negativos que podrían agravar el problema.

Una vez identificados estos aspectos, se deben analizar y estudiar cómo modificar o evitar que se produzcan estas acciones.

Se sugiere dividir el grupo en dos equipos. Uno de los equipos debe reportar los aspectos positivos de una idea y los integrantes del segundo equipo deben oponerse a la idea, resaltando los aspectos negativos. Al explorar los aspectos positivos y negativos de los aportes de los participantes, de ambos grupos, se tiende a obtener una cantidad significativa de ideas que pueden ofrecer elementos relevantes para la concepción de la solución al problema.

El ser humano no es el viajero, es el camino.

La creatividad se manifiesta de diferentes formas y en diferentes campos del conocimiento.

No es algo nuevo, ni es exclusivo del campo de las artes, la comunicación o el diseño. El comportamiento creativo es algo inherente al ser humano, observable desde las tareas más simples, como improvisar o cambiar algo en la vida cotidiana, hasta tareas más complejas, como concebir nuevas teorías en el campo de la ciencia.

La restricción que los propios seres humanos crean es lo que muchas veces limita la posibilidad de un mejor uso de la información para el desarrollo de la capacidad creativa.

Las técnicas de creatividad contribuyen a eliminar dichas barreras y favorecen el fervor de los actos creativos. Las técnicas son diversas y pensadas desde diferentes puntos de vista, en general, todas son apropiadas para aplicar en las organizaciones, sujetas únicamente a las características únicas del equipo que las utilizará y el propósito del uso.

En general, se entiende que para lograr buenos resultados, cuando se trata de creatividad, la sinergia entre los miembros del equipo es efectivamente positiva, esto se hace notar en la comparación entre sectores creativos y tradicionales, como es el caso del sector de la comunicación, que tiene más dinámicas de trabajo de desarrollo y prestigio que otras, facilitando esta sinergia a la hora de concebir las ideas.

Pensar un problema de forma aislada, utilizando una técnica de creatividad puede dar buenos resultados, pero pensar en colectivo es más efectivo, ya que cada individuo pensará de forma única y complementará la visión del todo.

Cabe señalar, sin embargo, que si las técnicas de creatividad por sí solas no generan resultados, el factor humano es fundamental para su funcionamiento. Sin embargo, "lo humano" no es una constante en una fórmula, sino una variable no matemática, una variable cultural fundamental.

Las técnicas enumeradas no abordan los factores motivacionales o incluso las habilidades del pensamiento creativo y la especialidad del individuo, quizás por ello se afirma que la creatividad se ve perjudicada en las organizaciones, pues se sugieren las técnicas para su aplicación sin resaltar la necesidad de considerar las singularidades de las colaboradores que llevarán a cabo los procesos de creatividad.

En este sentido, destaco la importancia de los individuos que llevan a cabo los procesos de creatividad.

Al analizar estas técnicas propuestas, ¿serían estos métodos asépticos?

¿Qué pasa si el enfoque está en las personas en lugar del proceso?

Es la increíble capacidad social y racional del ser humano la que hace posible el proceso creativo y no sólo un conjunto de técnicas aplicadas a ciegas.

Finalmente, ¡entiende una cosa!

Las cosas están en constante cambio y la cultura creativa debe estar preparada para adaptarse a estos cambios.

"Hay algo más que vale la pena repetir: para que surja la creatividad, debemos aflojar los controles, asumir riesgos, confiar en nuestros compañeros, trabajar para allanar el camino y prestar atención a cualquier cosa que los asuste. Todas estas cosas no facilitarán la gestión de una cultura creativa. pero la facilidad no es la meta; sino más bien la excelencia".

Aplica los aprendizajes que se dieron en este material y te darás cuenta de grandes beneficios.

A partir de ahora…

Ya no eres el mismo, desde que comenzaste a leer este material, te has convertido en una persona diferente...

¡Disfrutar!

¿Quién es Matheus Martins Soares?

 Matheus es Ex-Militar / Agente Presidencial, graduado en Marketing desde 2018 y especialista en redacción publicitaria. Ha escrito para más de 27 nichos diferentes, mostrando su capacidad de adaptación a diferentes temas y audiencias. A lo largo de su carrera, ha trabajado en grandes empresas, como la revista de negocios más grande del país y la consultoría de marketing más grande de Brasil. Contribuyó al éxito de importantes campañas, generando +30mm en ventas para sus clientes. Publicó más de 100 libros en Amazon y ganó lectores en más de 10 países diferentes. Experto en StoryTelling y UX Writing, también trabaja entre bastidores como GhostWriter, dando voz a las ideas e historias de otras personas. Su método es capaz de escribir un libro en menos de 24 horas.

Con visión estratégica y conocimientos en marketing, ayuda a empresas, autores y proyectos literarios a alcanzar el éxito. Se encontró en el mundo del marketing, la escritura y el comportamiento humano, su capacidad de adaptarse a diferentes desafíos es un diferencial que lo hace destacar en su campo.